AF263110

NOTICE

SUR UN

ATELIER DE SILEX TAILLÉS

DES TEMS PRÉHISTORIQUES

Aux environs de LA CHATRE (Indre)

PAR

MAURICE SAND

H. ROBIN, libraire-imprimeur, à La Châtre (Indre).

LA PLUS

ANCIENNE INDUSTRIE

DU BERRY

La route départementale (n° 151 *bis*), qui va de Thevet-Saint-Julien (Indre), à Saint-Amand-Montrond (Cher), à deux kilomètres au de-là de Vic-Exemplet, près de la limite des départements de l'Indre et du Cher, entre les hameaux du Petit-Foulinin et celui des Loges, traverse un banc de silex corné d'un jaune pâle veiné de rouge recouvert d'une mince couche sablonneuse. Ce banc repose sur une arkose blanche, à gros grains et à pâte feldspathique décomposée, exploitée comme moëllons.

Sa puissance peut être d'une dizaine de mètres. Ces arkoses, malgré l'absence complète de fossiles, semblent faire partie du *Fuller's earth* (l'étage Bajocien de Dorbigny) ou ne sont elles que les assises inférieures des grès, à grains plus fins, qui reposent immédiatement dessus? Ceux-ci appartiennent, à coup sûr, au terrain tertiaire lacustre (Eocène de Dorbigny) et sont contemporains du calcaire de Saint-Ouen et des silex de la Brie, du Pecq, de Monceaux et de Levallois à Paris, en raison de la présence des Lymnées, Bythinies et autres petits fossiles du groupe des Paludines lesquelles, par leur agglomération, constituent sur certains points la roche elle-même.

Les couches supérieures de ce dépôt d'eau douce, au contact des courants chimiques provenant des volcans de l'Auvergne et du Cantal, ont passé par la loi du métamorphisme, à l'état de silex pyromaques, porcelanites, cornalines blanches ou rouges, sardoines et calcédoines. Quant à la couche à fleur de sol, elle a été, sur certains points, convertie en meulière avec Lymnées nombreuses dans la pâte.

En quittant la route au Petit-Foulinin, on trouve à droite, un chemin « montant, sablonneux, malaisé et de tous les côtés au soleil exposé », qui par sa largeur et son manque absolu d'entretien semble remonter aux temps des Celtes. Il conduit au Loges, hameau composé de cinq ou six chaumières, assez éloignées les unes des autres. A un kilomètre, sur la gauche, est une lande inculte, qualifiée dans ce pays-ci de varenne, sur le haut du plateau, à 241 mètres d'altitude. De ce point culminant, où le vent souffle en toute saison, la vue s'étend au loin sur les grands horizons bleus du Bourbonnais et du Bas-Berry. Là, pas un arbre, pas un arbrisseau, quelques bruyères et de maigres graminées végètent seules sur ce sol aride où percent çà et là de gros blocs de silex. En contre-bas, le chemin qui contourne la colline est raviné par l'effet des eaux pluviales, qui l'hiver deviennent torrents, et celui des sources qui sourdent de tous côtés au milieu des fougères, pour aller se perdre dans la Sinaise, petite rivière coulant au fond de la vallée, à travers de fraîches prairies, ombragées de saules, d'aulnes et de peupliers dont la végétation fait un contraste d'autant plus grand que le plateau des Loges est complétement stérile et dénudé. Ce contraste résulte de la différence des terrains : la vallée appartenant aux marnes du lias moyen (Liasien de Dorbigny), où les Gryphites, Térébratules, Belemnites, et Ammonites couvrent littéralement le sol, tandis que la colline est un banc siliceux de l'Eocène.

C'est sur le haut de cette colline dite des Loges, que nous avons trouvé les traces de tout un atelier de silex taillés des âges préhistoriques, l'âge de la *pierre éclatée* se rapportant au type de Saint - Acheuil près Amiens (Somme), découverte dûe à Boucher de Perthes ; mais ce n'est pas à plusieurs mètres de profondeur que nous avons recueilli ces intéressantes preuves de l'existence d'une race primitive, c'est bien à fleur de sol, au milieu des touffes de serpolet et de gramminées parmi les bruyères, dans les sillons creusés depuis plusieurs années par la charrue dans une terre rebelle à toute agriculture et à peu près nivelés aujourd'hui, sur le banc même des silex cornés qui ont fourni la matière première aux ouvriers préhistoriques qui n'avaient qu'à se baisser pour façonner leurs outils.

Nous avons ramassé par centaines ce que l'on est convenu d'appeler des couteaux ou grattoirs, ou mieux *celtæ*.

C'est toujours le même système de fabrication; un côté concave et un côté convexe avec une arête médiane, deux éclats longitudinaux et un talon plus ou moins bien indiqué.

Les administrateurs de la commune de Vic-Exemplet, sans égard pour les recherches rétrospectives, ont désigné la butte des Loges, comme une bonne localité, fournissant beaucoup de cailloux pour faire les prestations et paver la route. Les prestataires dédaignant les petits fragments ne ramassent naturellement que les gros; c'est-à-dire les *nuclei* les *marteaux*, les *haches* ou *coins* et les *pierres plates arrondies* qualifiées de *pierres de fronde*, par Boucher de Perthes. Malgré le grand nettoyage qui se fait tous les ans, nous y avons encore trouvé, au milieu de nombreux éclats et débris, de forts beaux nuclei, quelques haches lancéolées taillées à grands éclats (type Acheulien), des boules sphériques où sont incrustées naturellement des Lymnées et Bythinies et qui ont dû servir de marteaux, si l'on en juge d'après l'écrasement de leurs extrémités, des pointes de flèche dont deux en quartz hyalin; matières qui a dû être ramassée dans le lit de. la rivière qui prend sa source dans les terrains granitiques; plus une hache dégrossie, puis abandonnée en jaspe rouge sang de bœuf, provenant du *Fuller's earth* et apportée par quelque chercheur de cailloux de ce tems là, beaucoup de grattoirs en corna-

line rouge et blanche ou en sardoine dont l'usure et le frotte-
ment indiquent un long service.

Parmi les silex qui percent le sol à différents endroits,
quelques-uns portent les traces du travail humain et ont
fourni ces longs éclats dits *celtæ*, qui sont ici plus rares
qu'au Grand-Pressigny (Indre-et-Loire). Le plus remar-
quable gît sur le point culminant du plateau; c'est un
bloc de silex pyromaque brun, rond et gros comme une
meule de moulin et beaucoup trop lourd pour être
emporté par le géologue en tournée ou par le prestataire
communal. Ce bloc, par les nombreux coups de martelage
qu'il présente sur sa partie supérieure, a dû servir d'en-
clume pour la fabrication de tous les éclats et débris qui
jonchent le sol autour de lui.

En général, les instruments de silex, que nous avons
trouvés sur le haut de la colline ont subi une altération, et
ont passé à l'état de porcelanites et d'hydrophanes; soit par
leur séjour prolongé à l'air et à la chaleur des rayons
solaires, soit par l'action du feu. Nous n'avons pourtant
trouvé aucune trace de charbon.

Nous citerons encore quelques fragments d'os indéter-
minés, une dent de cheval et une dent de renne.

Des recherches plus minutieuses nous fourniront de plus
amples renseignements; mais comme cette localité des
Loges est loin de Nohant et que les chemins de fer sont
inconnus dans la contrée, c'est un petit voyage qu'on ne
peut entreprendre tous les matins et qu'il faut remettre aux
beaux jours, car il n'y a là nul abri. Les habitants n'y sont
guères plus civilisés que les sauvages que nous avons ren-
contrés dans les forêts vierges et les grandes prairies de

l'Amérique du Nord. Il faut leur rendre cette justice, c'est qu'ils n'ont pas fait de progrès bien sensibles depuis leurs aïeux les tailleurs de silex. Ils ne se servent plus, il est vrai de ces socs de charrue, ni de ces pelles triangulaires en porcelanite trouvées par nous aux Loges, le fer a remplacé la pierre, mais leurs aspirations ne vont pas plus loin que la haie qui borne et leur champ et leur pensée. Il n'y a peut être pas autant de différence que l'on s'imagine entre ceux-ci et ceux-là; car tous ses instruments primitifs n'indiquent pas un peuple plus belliqueux que le berrichon actuel.

Ce que l'on est convenu de regarder comme des casse-têtes, des pointes de lance, des haches de guerre, ne sont, à notre avis, pour la plupart, que des coins et des cognées à fendre le bois, des pelles et des pioches pour remuer la terre, des serpettes en crochets pour tailler les branches. Ce qui nous paraît d'autant plus admissible que ces gens là n'ayant ni grottes naturelles, ni la possibilité de se creuser dans la cornaline, des trous sous terre, comme les *mardelles* de la Champagne du Berry, il leur fallait abattre les forêts qui entouraient ce plateau et se construire des abris de branchages, des loges enfin, comme on appelle encore les huttes des bûcherons qui vivent dans les bois. De là, vient peut être le nom de cet endroit.

Nous avons visité les collines environnantes et nous n'y avons trouvé aucune autre trace d'atelier celtique semblable à celui des Loges.

Quant à la fabrication des pierres à fusil dans le Berry, depuis 1775 il n'a jamais été question que de Saint-Aignan-sur-Cher, Couffy et Meusnes, dans le Cher, les Noyers dans Loir-et-Cher et Lye dans le Loiret. Ces bancs siliceux des Loges n'ont donc jamais été exploités depuis les âges les plus reculés. Il en est de même de ceux du Grand-Pressigny et de Preuilly dans Indre-et-Loire.

Pour conclure, nous nous permettrons une hypothèse sur cet atelier des Loges. Ce plateau au milieu des forêts, offrant à fleur de sol la matière première, a nécessairement dû fixer l'attention des hommes de l'âge préhistorique. Un banc de silex était alors pour eux ce qu'est aujourd'hui pour nous une mine de fer. Une première industrie de taille s'établit là et répandit au loin ses produits; car nous avons retrouvé en pleins champs à Nohant sur le *lias* et jusqu'à Châteauroux à plus de 50 kilomètres de là, des *celtæ* provenant des bancs cornés des Loges. Peut être à la taille des silex s'est-il joint une autre industrie, celle de la tannerie; car la rivière coulant au bas du plateau fournissait l'eau en abondance pour la préparation des peaux. A quoi eussent servi ces grattoirs, en quantité si considérable et de toutes dimensions, disséminés depuis le haut de la colline jusqu'au bord et dans le lit de la rivière, si ce n'eut été à râcler et gratter les peaux d'animaux sauvages ou domestiques qui devaient servir de vêtements et d'abris? La taille du silex, la chasse, l'abattage du bois, un peu d'agriculture et la peausserie devaient donc être les seules industries connues de ces âges éloignés. Cette industrie a-t-elle continuée jusqu'à une époque plus récente? Evidemment non; car il n'y a aucun fragment de silex poli, aucune trace de ces blocs de grès appelés polissoirs.

Cette agglomération de huttes a-t-elle été brûlée, détruite? La tribu a-t-elle été dispersée ou anéantie par des conquérants aux armes perfectionnées? Nous n'en croyons rien, il serait resté des traces du passage des vainqueurs parmi tous ces débris, éclats, outils et fragments d'os brisés de la période acheulienne. La dispersion ou l'anéantissement de cette race primitive se rattache au changement de climat et à la perturbation géologique connue sous le nom de DÉLUGE, celui dont le souvenir s'est perpétué dans la mémoire des hommes.

MAURICE SAND.

Nohant, 15 novembre 1878.